Norbert Golluch
Rolf Kutschera

QUATSCH-HOROSKOP

Der bockbeinige Widder

21. März – 20. April

Eichborn Verlag

CIP-Kurztitelaufnahme der Deutschen Bibliothek:

Golluch, Norbert:

Quatsch-Horoskop / Norbert Golluch ; Rolf Kutschera. –
Frankfurt am Main: Eichborn
Der bockbeinige Widder. – 1990
ISBN 3-8218-2020-9

1. Auflage, September 1990

Cover: Uwe Gruhle. Satz und Umbruch mit PC: Wolfgang Spindler.
Druck: Uhl, Radolfzell.
ISBN 3-8218-2020-9
Verlagsverzeichnis schickt gern:
Eichborn Verlag, Hanauer Landstr. 175, D–6000 Frankfurt/M. 1

Der bockbeinige Widder

21. März – 20. April

Das Element: Feuer
Das Gestirn: Mars, Pluto
Die Stärken: Initiative, Aktivität, Unternehmungsgeist
Die Schwächen: Fickrigkeit, Ungeduld, Tyrannei, Rücksichtslosigkeit
Das Motto: »Ich bin!«
Die magische Pflanze: Gerste, Hopfen (Bier!), Wermut, Sambal Oelek, Pfeffer, Rettich, Paprika, Knoblauch, Zwiebel, Senf, Tabak
Die magische Farbe: Rot (was sonst?)
Die magische Zahl: die Neun
Der ideale Wochentag: Dienstag
Der Vokal: »e« (»**Ey**, du da...!«)
Der Edelstein des Widders muß rot sein. Als Feuerzeichen bevorzugen Widder alles, womit sich die große Schau reißen läßt. Chalzedon und Rubin sind sehr beliebt – je größer, desto besser.
Der ideale Name: Männliche Widder heißen Herbert, Karl, Michael, Hans oder Werner. Weibli-

che Exemplare nennen sich am besten Anna, Helga oder Doris.

Der Standardtyp: Athletischer Körperbau, große Nase, niedrige Stirn, grobe Knochen und dicke Muskelpakete zeichnen den echten Widder aus – so 'ne Art Rambo also.

Aber lassen Sie sich nicht täuschen – die meisten Widder sehen heutzutage ganz anders aus und verbergen ihr wahres Ich hinter einer harmlosen Maske – alles Tarnung!

DER CHARAKTER DES WIDDERS

Widder halten sich für temperamentvoll, begeisterungsfähig, mutig, unternehmungslustig und hilfsbereit. Dem astrologischen Sachkenner bleibt nur ein Kommentar: Hahaha! Oder vorsichtiger ausgedrückt: Horoskope neigen zur Beschönigung. Weiter sollen Widder, wenn wir herkömmlichen Horoskopen Glauben schenken wollen, ungeduldig, aber geradeheraus, tollkühn, tyrannisch, aktiv, unüberlegt, impulsiv, rücksichtslos und oft recht töricht sein, wenn ihnen die nötige Erfahrung fehlt. Große Willenskraft und ein erstaunliches Selbstvertrauen sagt man Widdern nach. Weiter werden sie als aggressive Führernaturen geschildert. Aggressiv ja, aber Führernatur?

Sagen wir es mal klar und deutlich: Widder sind unglaubliche Hitzköpfe, tendieren zu maßloser Selbstüberschätzung, benehmen sich in aller Regel völlig daneben, sind bockbeinig und starrsinnig, beleidigen jedermann mit ihrer unmaßgeblichen Meinung, sind fickrig wie ein Rehpinscher und explosiv wie eine verrostete Handgranate. Dazu kommt meist eine schier unglaubliche Dummbeuteligkeit. Vermutlich sollte das Sternzeichen besser blöder Hammel heißen.

Genau dieser Widder steht im Zeichen des Anfangs, des unermüdlichen Neubeginns. Widder sprudeln über vor Energie und Begeisterung – bis die Sache zäh wird. Wen wundert es also, daß Widder an alles Neue mit affenartiger Geschwindigkeit herangehen, sobald es aber mühsam wird, die Brocken irgend jemand sonst vor die Füße werfen? Dazu motzen sie auch noch herum, erklären alle anderen für Idioten und fangen den nächsten Schwachsinn an, während die anderen den Schrott wegräumen.

Sehr sympathisch ist auch die Eigenart, erst zu handeln und dann über mögliche Folgen nachzudenken. Besonders im Berufsleben kommt echte Freude auf, wo (die zu allem Überfluß auch noch cholerischen) Widder tätig sind – Widder labern groß herum, während andere die Drecksarbeit machen.

Sollte es einem Widder gelingen, einen ausbaufähigen Arbeitsplatz zu bekommen, macht er sich seine Karrierechancen selbst zunichte. Statt diplomatisch und überlegt vorzugehen, sägt der Widder öffentlich am Stuhl des Abteilungsleiters, spuckt dem Personalchef in der Kantine ins Essen, nennt ihn »Knalldepp!« oder belehrt den Chef über die Grundregeln der aggressiven Geschäftsführung aus der Sicht des Untervertriebsassistenten. Ständig rennen Widder mit gesenktem Gehörn gegen irgendwen oder -was an.

Klar, daß diese Sorte Mensch nicht sehr beliebt ist. Widder kriegen ständig was auf die Mütze, doch das erstaunlichste ist, daß sie sich dadurch niemals entmutigen lassen. Stur wie Panzer, mit ungebrochenem Selbstvertrauen, erstaunlichem Regenerationsvermögen und großer Willenskraft stürzen sie sich in den nächsten Fettnapf.

DER LEBENSLAUF DES WIDDERS

Der Lebenslauf unter dem Sternzeichen des Widders ist meist eine Kette von Pleiten. Wenn Widder nicht aus lauter Nachlässigkeit vergessen, wo's langgeht, stehen sie sich selbst mit ihrem übersteigerten Wunsch nach Ruhm und Anerkennung im Weg: Widder verleihen sich bereits den Doktortitel, wenn sie eben erst das Abgangszeugnis der Grundschule in Händen halten. Klar, daß Widder den Großteil aller Versager und Hochstapler stellen.

DIE GLÜCKLICHEN JAHRE

liegen zwischen dem 15. und dem 18. Lebensjahr – vermutlich weil sich Widder spätestens danach derartig den Schädel eingerannt haben, daß sie eh nichts mehr merken.

WIDDER IM BERUF

Typische Widder-Berufe sind Berufspolitiker (Leithammel!), Fernsehredakteur, Regisseur, Dirigent, Show-Master, Inhaber einer Werbeagentur oder Verleger.

In Panik geraten Angehörige anderer Sternzeichen, wenn sie erfahren, daß Widder mit Vorliebe Lokführer, Chirurgen, Konstrukteure oder Ingenieure werden – und das bei der kurzen Motivationsspanne! Was, wenn der geniale Dr. Sauerbruch bei der Operation die Lust verliert und Billard spielen geht?

Überhaupt lieben Widder alles, was mit Werkzeugen, Waffen und Metallen zu tun hat – ein Glück noch, wenn Widder wenigsten nur Handwerker werden – Schmied, Dreher, Fräser, Nieter oder Heizer. Meist kommt es schlimmer: Militär und Polizei ziehen Widder magisch an – und das bei der miesen charakterlichen Qualifikation! Prost Mahlzeit!

Besonders gern mimen Widder übrigens den Vorkämpfer für die ganz große Sache – den Kleinkram erledigen andere.

Charakterlich festere Widder (seltene Einzelstükke!) werden Schauspieler oder Schriftsteller. Als Angestellte sind Widder die ganz großen Blender und versuchen absolut riesig herauszukommen, indem sie viel Wirbel machen. Meist verpufft aber alles mit einem großen Knall – wie Widder-Energie überhaupt zum Verpuffen neigt.

Wenn Widder Karriere machen, dann meist eine kurze und mit dem Kopf durch die Wand. Mehr ist nicht drin.

Auf Betriebsausflügen kommen Widdern spontan die schwachsinnigsten Einfälle – sie braten Regenwürmer und Schnecken, veranstalten Planwagen- oder Omnibus-Rennen auf der Autobahn, zetteln Saufwettbewerbe oder Strip-Poker-Runden an. Sie duzen und knutschen sich mit jedermann und wollen am nächsten Tag im Büro von nichts mehr wissen.

DER WIDDER UND DAS GELD

Mit Geld können Widder wenig anfangen. Es auszugeben schaffen sie immerhin noch, doch Reichtum bedeutet ihnen ebensowenig wie Luxus oder Bequemlichkeit. Wichtiger sind ihnen Ansehen, Ruhm und Ehre – sie ziehen einen gekauften Doktortitel den dafür hingeblätterten Scheinchen vor. Selbst den abgegriffensten Honoris-Causa-Titel lassen Widder sich noch in der Stunde der Verleihung ins Briefpapier stanzen. Für einen Fernsehauftritt verleugnen Widder ihre Herkunft, verkaufen Frau und Kinder und wechseln die Religion. Klar, daß Widder ständig pleite sind.

DAS AUTOMOBIL DES WIDDERS

ist – wie sollte es anders sein? – meist drei Nummern zu groß oder ein schwarzer Dienstwagen mit dem Stern auf der Haube. Gehört es nicht zum öffentlichen Fuhrpark und wird es daher nicht von einem Chauffeur gesteuert, so hat es völlig abgefahrene Reifen, weil Widder an jeder Ampel den großen Rappel kriegen. Während sie auf Grün warten, spielen sie nervös mit dem Gaspedal und ziehen schon bei Gelb den wilden Kavaliersstart ab.

DIE SCHOKOLADENSEITEN

des Widders sind ebenso schwer zu finden wie eine Hitzeperiode in der Antarktis. Der einzige wirklich sympathische Zug ist vielleicht ihre Stehaufmännchen-Mentalität. Auch nach den schwersten Entgleisungen mit Alkohol und Nikotin schwingen sich Widder zu neuen Großtaten auf wie ein Phönix aus dem Aschenbecher.

DIE SCHATTENSEITEN

Ihre schier unfaßbare Unzuverlässigkeit, gekoppelt mit einer geradezu unglaublichen Blauäugigkeit, läßt gestandene Unternehmer, die einen Widder beschäftigen, vor Wut ihren vergoldeten Montblanc-Füller fressen. Ehepartner geraten in tobenden Wahnsinn, wenn ein Widder seinen Seitensprung als »Belebung des ermüdeten Ehelebens in beiderseitigem Interesse« rechtfertigt. Geschäftspartner eines Widders geben den Löffel ab, wenn der Widder, mit der Kasse durchgegangen, aus Südamerika schreibt: »Es war das beste für uns alle! Die Firma wäre mit Ihnen als Chef sowieso bald pleitegegangen!«

DER GROSSE HORROR

des Widders ist es, daß die anderen herauskriegen könnten, was er für ein Windbeutel ist. Widder hegen Versagensängste in jeder Form – wer ein solcher Blender ist, muß ständig befürchten, daß ihm jemand auf die Schliche kommt.

DIE GESUNDHEIT DES WIDDERS

Mit der Gesundheit von Widdern steht es nicht zum besten. Sie neigen zu Hautausschlägen, Migräne, Nierensteinen und Magenbeschwerden. Nicht, daß sie ihre Gesundheit irgendwie schonten; statt sich gesund zu ernähren, sich vor Kälte und Feuchtigkeit zu schützen und einen soliden Lebenswandel zu führen, unternehmen Widder alles, um sich zu ruinieren. Sie trinken unmäßig viel, essen viel zu scharf gewürzt, rennen im Unterhemd durch Wolkenbrüche, springen für eine dumme 20-Mark-Wette in jeden schlammigen Teich, schlafen nackt in klammen

Kellern oder schlagen sich die Nächte in rauchigen Kneipen um die Ohren.

Wenn sie – meist kurz vor dem körperlichen Zusammenbruch – etwas für ihre Gesundheit zu tun beschließen, übertreiben sie – wie immer – maßlos. Sie joggen, bis ihnen die Lungenflügel aus dem Hals hängen oder strampeln auf dem Fahrrad bis zum

Kollaps. Was ein Widder auch sportlich anfaßt – es besteht immer die Gefahr, daß er sich den Hals bricht. Freizeitunfälle scheinen Widder über alles zu lieben: Sie semmeln mit dem Kopf vor Schranktüren, fallen Treppen oder Leitern hinunter, stürzen vom Hocker der Hausbar oder treten im Garten auf die Harke. Wenn ein Widder eine Zwiebel schneiden soll, gibt es meistens ein Massaker. Unterstützt durch die große Blutungsneigung von Widdern (reine Schau!) kommt es zu dramatischen Szenen in filmreifer Ausprägung. Nach dem eigentlichen Unfall, und war er auch noch so klein, zieren Widder meist die tollsten Blutergüsse und blaue Flecken – vermutlich nur, weil sie sich – so dekoriert – beruflich besser auf die faule Haut legen können. Die Krankenkasse zahlt ja...

Erst einmal krank, sind Widder eine Geißel der Menschheit. Sie sind zappelig wie Sextaner mit voller Blase, quasseln dem Arzt in die Diagnose und brechen eigenmächtig Therapien ab. Wen wundert es da noch, daß es endlos dauern kann, bis ein Widder endlich wiederhergestellt ist.

DIE LIEBLINGSSPEISE DES WIDDERS

Widder fressen nicht nur Gras. Sie essen alles. Wirklich alles. Hauptsache, es ist irgendwie scharf gewürzt. Ihre Lieblingsgerichte sind der koreanisch-scharfe Feuertopf und mexikanische Tacos »brutale«. Wenn Angehörige anderer Sternzeichen

Feuer speien und ihnen der Magen verbrennt, schmecken Widder erst etwas. Dementsprechend sind ihre Restaurant-Tips zu genießen – mit größter Vorsicht.

DAS LIEBLINGSGETRÄNK DES WIDDERS

Wie bei der festen Nahrung kommt es dem Widder vor allem darauf an, Wirkung zu erzielen. Je hochprozentiger ein Getränk, je exotischer und geschmacksstärker die Zutaten eines Cocktails, desto eher reißen sie den Widder zu Begeisterungsstürmen hin. »Ratzeputz« oder der 125%-STROH-Rum sind ihre Favoriten. Als Grundregel gilt: Widder gehören zu den Feuerzeichen. Was ein Widder trinkt, brennt. Entweder, wenn man es mit offenem Feuer in Kontakt bringt – oder im Hals.

DAS BEVORZUGTE LOKAL

Das Restaurant des Widders würde ein Angehöriger eines anderen Sternzeichens kaum je freiwillig betreten, wenn ihn nicht ein Widder hineingelotst hätte. Es liegt meist im Souterrain, hat fußkalte Steinböden, Tischwäsche aus PVC und eine Kellnerin, die dem Ungeheuer von Loch Ness ähnlich sieht. Die Speisekarte ist vor lauter Fettflecken nicht lesbar.

Die Getränke sind warm, abgestanden, und schon aus Gründen der Desinfektion hochalkoholisch. Die Küche zeichnet sich dadurch aus, daß der Koch einen riesenhaften Vorrat an Pfeffer, Paprika, Chili, Sambal Oelek oder Tabasco-Soße besitzt – und diese Waffen hemmungslos zur Anwendung bringt. Normale Esser sterben augenblicklich, wenn sie in einem Widder-Restaurant essen. Widder hingegen verziehen genießerisch den Mund zu

einem Lächeln – endlich haben sie wieder einmal etwas geschmeckt! Widder haben Magenwände aus Guttapercha und eine Speiseröhre aus säurefestem Edelstahl. Zumindest glauben sie dies.

Etwa 1.250.000 Altöl-Kaschemmen, Pommes-Buden, Würzwunder-Imbisse, Fast-Food-Filialen, Kartoffelpuffer-Paläste, Nullkommafünf-Sterne-Restaurants, Tiefkühl-Baracken-Bistros und Mikrowellen-Gourmet-Küchen in Europa werden wirtschaftlich ausschließlich von Widdern in Gang gehalten. Das sagt alles.

Ähnlich sieht es bei Bars und Kneipen aus. Eine Widder-Kneipe muß vor allem eines besitzen: harte Drinks mit viel, viel Alkohol. Auf die Qualität kommt es dabei weniger an; Hauptsache, es zieht ordentlich rein in die Birne!

DAS LIEBLINGSTIER

des Widders ist Nr. 1: der Widder. Klar. Auf den weiteren Plätzen folgen: 2. das Kaninchen (wegen seiner sexuellen Leistungen) und 3. der Sündenbock (den der Widder für seine eigenen Schandtaten nur zu nötig hat).

DIE TYPISCHE SPORTART

für Widder ist das Bockspringen. Noch lieber mögen Widder es allerdings, wenn der Bock ein

weibliches Schaf ist. Hier laufen Widder zu absoluter Höchstform auf.

DAS LIEBLINGSBUCH

Können Widder überhaupt lesen? Spaß beiseite: Haben Widder bei diesem Lebenswandel überhaupt noch Zeit zum Lesen?

DER LIEBLINGSFILM

Der absolute Hammer-Film aller Widder ist »Casablanca«. In welchem Streifen sonst sagt der Leithammel seiner Geliebten einen so unvergleichlich unvergeßlichen Satz: »Ich greif' dir in die Schurwolle, Kleines...!«

Auf Platz 2: »Letzte Ausfahrt Brooklyn« – der Film, der zeigt, wie es Widder treiben...

DIE LIEBLINGSMUSIK

Popmusik-Liebhaber unter den Widdern schätzen alles, was irgendwie reinfetzt. Ist es Rock, den Widder schätzen, wählen sie Heavy Metal, Speed Metal oder Trash Metal. Im Jazz bevorzugen Widder vor allem schräge Blasinstrumente. Eine besondere Vorliebe besteht für das Saxophon, vermutlich weil es dem Schrei eines brünstigen Widders so verteufelt ähnlich klingt. Opern-Widder stehen auf Wagner oder Strawinsky. Beim Ballett ziehen Widder-Männer die Folies-Bergére jedem klassischen Werk vor.

DAS BEVORZUGTE REISEZIEL

der Widder muß ein In-Place sein. Es ist genau der Ort, an den »man« in der jeweiligen Saison fährt.

Beliebt sind auch Ziele mit andauerndem Prestigewert: St. Moritz, New York, die Copacabana...

Einen großen Gewinn ziehen Widder aus ihren Reisen nicht. Da sie entweder damit beschäftigt sind, a) einen Urlaubsflirt anzubaggern oder b) sich in Szene zu setzen oder c) die Sturztrunkqualitäten der Hotelbar zu testen, kriegen sie von Land und Leuten nicht den geringsten Eindruck. Es ist, liebe Widder, also wirklich völlig gleichgültig, wohin Sie fahren. Das erleichtert Ihnen die Auswahl Ihrer Ferienziele doch ungemein, oder?

DIE TYPISCHEN DROGEN

sind Coca Cola, Kaffee, Cognac oder Kokain – in der genannten Reihenfolge läuft die Drogenkarriere des Widders ab. Nach einer kurzen Phase mit der Einstiegsdroge und einigen Irrwegen (Pommery) erreichen Widder schnell die härteren Hämmer. Wie in allen anderen Lebensbereichen leiden Widder an massivem Leistungsstreß, was Drogen angeht, und sind durchaus froh, wenn sie einmal die Ruhe und

Ausgeglichenheit finden, sich nicht die Birne vollknallen zu müssen. Für ihre Umwelt sehen Widder in solchen Phasen allerdings eher bedauernswert aus: wie dumme Schafe eben.

Neben ihrer Neigung zu Aufputschendem sind die meisten Widder ausgiebigen Exkursen in die Welt der Dumpfdroge Alkohol durchaus nicht abgeneigt.

DIE TYPISCHE AUSREDE

»Ich bin vor lauter Streß einfach nicht dazu gekommen!« In der Unterstellung, daß Streß die Ursache für ein Versäumnis sei, steckt zugleich die Behauptung, daß Arbeitsüberlastung und besondere Beanspruchung vorliegen. So etwas schmeichelt Widdern – nur zu gern rücken sie sich in der Rolle des gefragten Genies in Positur. Is' aber nich' – lassen Sie sich nicht blenden –, meistens ist ganz gewöhnliche Faulheit der wahre Grund!

DIE LEICHEN IM KELLER

Vielleicht irgendeine kleine Alimenten-Geschichte? Der fickrige Widder-Mann vergißt nur zu gern das Kondom und schliddert blitzschnell in die ungewollte Vaterschaft. Manche Widder besitzen ganze Herden von Nachkommen...

Oder ist es ein falscher Titel? Das übersteigerte Geltungsbedürfnis von Widdern läßt sie auch vor krummen Touren nicht zurückschrecken. Wer war der Ersatzmann bei der Meisterprüfung? Wer hat an Ihrer Stelle die Klausur geschrieben? War es Konsul Weyer, der unserer Gräfin von Schafsbach-Widderstein den klangvollen Titel verhökert hat?

DIE GLANZTAT

Klar, daß der Erfinder des U-Bootes ein Widder war: Wilhelm Bauer (* 23.3.1822) ging am 18. Dezember 1850 erstmals mit seinem »Eisernen Seehund« auf Tauchstation – wer kann heute noch sagen, warum? Vielleicht mußte er in einer heiklen Vaterschaftsfrage eine Weile von der Bildfläche verschwinden?

Neben der großartigen Erfindung des U-Bootes dürfte als die bedeutendste Kulturleistung eines Widders überhaupt unbestritten Hans W. Geissendörfers »Lindenstraße« gelten. Sie besitzt alle Eigenheiten eines Meisterwerks: Dauer (immerhin 30 Minuten!), Allgemeingültigkeit (s. Einschaltquoten!) und Ausstrahlung (zwar keine künstlerische, aber immerhin regelmäßige!), und nicht zu vergessen: Sie zieht endlose Folgen nach sich...

DIE GANZ GROSSE NIEDERLAGE

erlebte der Widder Casanova (* 2.4.1725) im Sommer 1748, als der speziell für ihn entwickelte Prototyp des Reißverschlusses versagte und ihn zu stundenlanger Abstinenz und zu späteren jahrzehntelangen Knöpfübungen zwang. Wie wir heute wissen, erreichte der Reißverschluß erst im 20. Jahrhundert seinen heutigen technischen Entwicklungsstand, der Casanova sicher die Tränen in die Augen getrieben hätte.

Casanova schaffte es dennoch, sich durch einen extrem ausschweifenden Lebenswandel die Gesundheit zu ruinieren: Er endete als nur noch theoretisch sexualisierender Bibliothekar in Böhmen.

Ähnlich frustriert war der Widder Leonardo da Vinci (* 15.4.1452), der – immer seiner Zeit voraus – im Jahre 1486 eine vollautomatische Küchenmaschine erfand, wie sie die Welt noch nicht gesehen hatte. Kaum war es vollbracht, mußte Leonardo tief enttäuscht feststellen, daß es im ganzen Haus keine einzige Steckdose gab. So eine Pleite!

DER GANZ GROSSE HAMMER

Eine ausgesprochene Knalltüte unter den Militärs war der am 13.4.1784 geborene Widder und spätere General Friedrich von Wrangel, der sich die dümmsten Sprüche leistete. Originalzitat:

»Der Parademarsch besteht nicht nur aus der Sittsamkeit der Hosen, der Weißheit des Lederzeugs und der Aufrichtigkeit der Gewehre, sondern vor allem in Hinblick auf mir.« Typisch Widder.

Auch die erste »Friedensaktion« zog der kauzige Feldmarschall ab, der sich selbst »Papa Wrangel« nannte: Um seine Haut vor einer tobenden Volksmenge zu retten, die ihm ans Leder wollte, kaufte er geistesgegenwärtig einen Korb Veilchensträuße und verteilte sie »...mit schönen Grüßen von Papa Wrangel« an das aufgebrachte Volk. So unterlief ein opportunistischer Widder eine Revolution – auch wieder typisch!

DER WIDDER UND DIE LIEBE

In der Liebe sind Widder absolute Spitze. Sie gehen hoch wie Sektkorken – und kommen auch genauso schnell wieder runter. Mehr als Liebschaften oder Flirts kriegen sie nur selten auf die Reihe. Bei der

ICH KOMME!

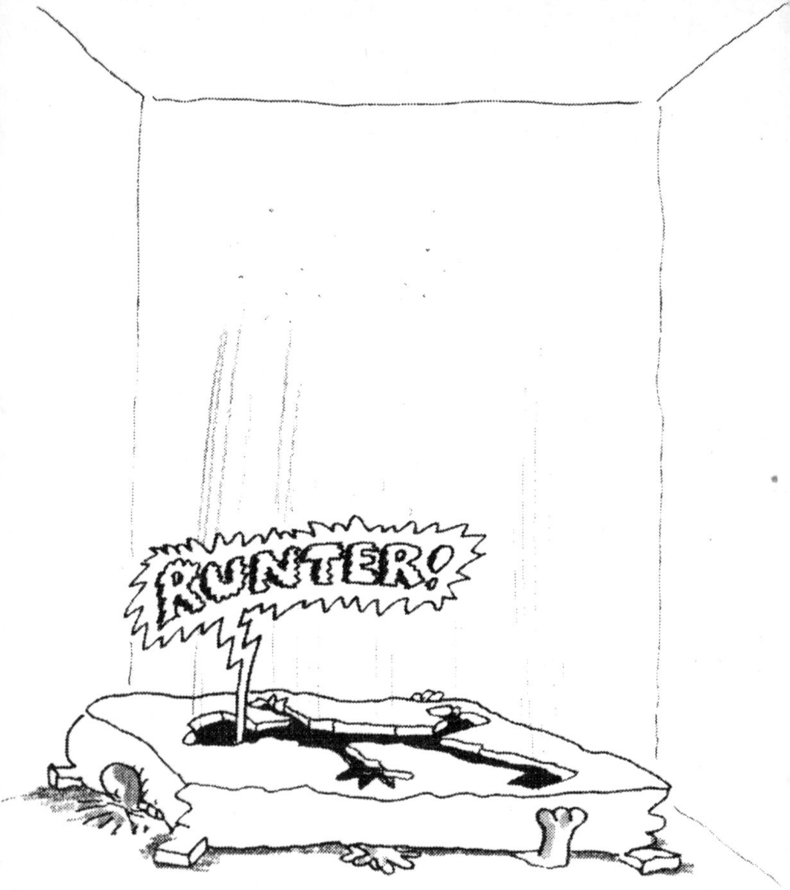
RUNTER!

körperlichen Liebe sind Widder immer als erste fertig, neigen überhaupt ungemein zum Kaninchensex, erholen sich aber bemerkenswert rasch, so daß sie zu erstaunlichen Leistungen auf der erotischen Strichliste in der Lage sind.

Nach dem Liebesakt treibt es Widder-Mann oder Widder-Frau meist schnell vom Liebeslager hoch: Er zieht die Gesellschaft seiner Stammtischbrüder vor, sie muß die Sache noch im Café mit ihren Freundinnen besprechen...

DER WIDDER-MANN

Ungeduld, Hektik und innere Unruhe kennzeichnen das Wesen des Widdermannes. Caesars Motto »Ich kam, ich sah, ich siegte!« imponiert ihm ungemein, nur bringt er es leider so nicht fertig. Bei ihm könnte es lauten: »Ich kam, übersah und versiebte!« Statt ruhig abzuwarten, was die Zeitläufe bringen, muß er ständig vorgreifen, herumfummeln, mitmischen, seinen Senf dazugeben. Dabei geht ihm so manches heiße Würstchen durch die Lappen.

Widder-Männer reißen den Tageskalender bis auf das letzte Blatt ab, um nachzusehen, ob Silvester auch dieses Jahr auf den 31. fällt. Sie fummeln mit der Bohrmaschine und dem dicken Hammer am

Fernseher herum, während der TV-Notarzt-Wagen bereits unterwegs ist, und ruinieren die Kiste völlig.

Ihre Ungeduld ist zum Auswachsen. Wenn es ihnen unglaublicherweise gelingt, mit den Händen etwas aufzubauen, werfen sie es garantiert vor lauter Rappel mit dem Hintern wieder um.

Überschießende aggressive Triebe (Mars!) kennzeichnen besonders beim Widder-Mann den Charakter – Widder sind Draufgänger. Als echter Mars-Typ köpft der Widder sein Ei mit der Guillotine oder dem Ninja-Schwert, führt jeden Morgen auf dem Weg ins Büro Krieg mit Tausenden von Feinden auf der Stadtautobahn, sieht den Beruf als Zweikampf gegen den Chef und das Leben überhaupt als eine einzige andauernde Schlacht.

In der Erotik sind Widder-Männer die hinterletzten Versager. Zwar geben sie vor, leidenschaftlich und erregt zu sein, entpuppen sich aber schon als Knallfrosch oder Rohrkrepierer, wenn die erste große Show samt sexueller Hochspannung vorüber ist. Ihre libidinöse Fantasie beziehen sie aus »Readers Digest«, und handfeste Hausmannskost halten sie für knisternde Perversion. Alles in allem: nicht empfehlenswert.

Was sie im Bett nicht bringen, versuchen sie auf der Autobahn und Landstraßen nachzuholen. Dort verursachen sie dann die erregenden Konstellationen, die ihnen anderswo abgehen: Sie geraten auf volle Touren, treten das Gas durch bis zum Anschlag, überschlagen sich vor überschießendem Schwung und fahren anderen Verkehrsteilnehmern hinten rein. Einige Fakten:

70% aller Widder-Männer bevorzugen lange, phallusförmige Sportautomobile!

60% aller umgefahrenen Straßenbäume gehen auf das Konto von marodierenden Widder-Chauffeuren!

Erst im Laufe der Jahre, wenn der Widder-Mann altersbedingt langsam zum Hammel wird, entwikkeln sich die durchaus vorhandenen geistigen Kräfte. Dann können Widder-Männer überaus sympathische Hammel sein.

DIE WIDDER-FRAU

Wenn man irgendeine Frau des Tierkreises als unsympathische Emanze bezeichnen kann, dann die Widderfrau. Selbstsicher und ekelhaft karrieregeil macht sie den Männer aller Sternzeichen in Sachen Erfolg etwas vor und treibt männliche Konkurrenten ohne jedes Mitleid in den Ruin. Sie nennt das Gleichberechtigung.

Ihre weiblichen Eigenschaften sind nur schwach ausgeprägt. Anlehnungsbedürfnis und Anschmiegsamkeit sind ihr Fremdworte. Wenn sie sexuelle Gelüste verspürt, mimt sie für kurze Zeit die rollige Katze, wickelt die Männer um den Finger wie Spaghetti und verspeist sie nach vollbrachter Dienstleistung wie die Spinne ihr Männchen. Besonders nervt sie die Männer dadurch, daß sie beim Sex immer oben liegen will.

Widder-Frauen stecken voller Temperament und Tatendrang – so sagen sie von sich selbst. Ihre Lebensgefährten sehen das anders. Ihnen kommt ihre Widderfrau wie die personifizierte Hektik vor. Widder-Frauen reisen, wechseln, streben, erleben, geben aus, regen an, nerven, bequasseln, löchern und krempeln um – nur mit dem Putzen, Kochen, Braten und Backen ist es nicht weit her. Erst ein überaus männlicher Mann (Skorpion, Steinbock und andere Macho-Männer) kann sie zähmen und zu einer (wie er es sieht) durchaus brauchbaren Hausfrau machen – wenn sie ihn nicht vorher zur Minna macht.

Doch echte Widder-Frauen ziehen das freie Unternehmertum der Sklavenfron für Kinder, Heim und Herd deutlich vor. Strebsam, ehrgeizig und unerschrocken steigen sie ins Geschäftsleben ein und machen ihre männlichen Gegner zur Schnecke (die übrigens kein Tierkreiszeichen ist, aber vielleicht sinnvollerweise eines sein sollte).

Widder-Frauen sind impulsiv wie Flummi-Bälle, erregbar wie Louis de Funés, leidenschaftlich wie ein Sack voller spanischer Fliegen und wetterwendisch wie ein Alpengipfel. Ihre Höhepunkte erinnern an explodierende Sonnen, ihre Umschlagsrate an Männern an das zentrale Paketpostamt. Welchen Mann wundert es, daß sie sexuell nur zu gern die Initiative übernehmen. Welchem Mann war nicht schon im vorneherein klar, daß sie seinesgleichen nach vollzogenem Liebesrausch fallenlassen würde wie eine heiße Kartoffel, um sich neuem Gemüse zuzuwenden. Trennungen und Scheidungen sind bei Widder-Frauen an der Tagesordnung.

IDEALPARTNER

Geeignete Lebensgefährten für Widder sind Kaninchen, Löwe und Schütze. Es klappt aber auch mit Menschen der Tierkreiszeichen Stier, Zwilling, Wassermann, Fisch und Steinbock. Anders gesagt: Immerhin rund 7/12 der Menschheit sind potentielle Sexualpartner des Widders, was seiner Bock-Mentalität natürlich schwer schmeichelt.

DIE TYPISCHE ANBAGGER-SZENE

Was heißt hier schon typisch? Hektisch ist für den Widder typisch. Widder machen ihre Geschlechtspartner an, daß sich vor erotischem Nachdruck die Balken biegen. Sie stehen unter Hochspannung wie die Sprungfeder in der Matratze und zielen auf den Kern der Sache wie ein Pfeil auf die Scheibe. Wen

wundert es, daß sie so manches Mal eine herbe Abfuhr beziehen und alles für die Katz' war. Aber eben das macht Widdern wenig aus – sie fangen augenblicklich an anderer Stelle mit neuen Angrabemaßnahmen an.

BEVORZUGTE STELLUNGEN

Auf erotische Ratgeber und altasiatische Liebeslehren pfeifen Widder. Missionarsstellung, 69-Doppel-Whopper oder der Häschen-in-der-Grube-Hoppelakt? Derartige Finessen sind ihnen völlig schnurz. Hauptsache, er liegt oben und alles geht zack-zack.

DIE MÖGLICHEN PAARE IM EINZELNEN

Bitte kein Irrtum – hier geht es nicht um konkrete Personen. Namen stehen nur für Typen und Charaktere. Wie sonst wären Paarungen über den Abgrund der Jahrhunderte hinweg denkbar? Doch die schwache Fantasie von uns Menschen braucht Anregungen, Vorstellungen, griffige Bilder, um zu funktionieren. Leider werden die meisten unserer Traumpaare in der Wirklichkeit nicht zueinander finden können.

❤ WIDDER UND WIDDER: ✸✸✸✸

Widder und Widder passen nicht zusammen – eine solche Verbindung wäre schon sexuell dermaßen hektisch, daß beide Widder vermutlich mit heraushängender Zunge zusammenbrechen und dem Infarkt erliegen würden. Dazu käme der Einfluß des Mars auf den Widder. Zwei von ihnen lägen sich ständig in den Haaren, würden um Vorherrschaft und Machtergreifung ringen. Angenehmen Reichsparteitag!

☞ *Das prominente Paar:*

Helmut Kohl (Widder) **und**
Samantha Fox (deutlich Widderin)

Nein, das kann nicht gutgehen. Gleich am Morgen nach dem Aufwachen kriegt der Helmut eine Hochdruckkrise, wenn nicht Hannelore, sondern Samantha im schwarzen Negligé neben ihm erwacht. Da muß das Frühstück ausfallen, und Helmut wird die harte Angelegenheit erst einmal auf dem WC aussitzen, heißblütig wie er ist. Auch Samanthas ungestümes Widderblut gerät sofort in Wallung, wenn sie Helmut mit dem abgrundtiefen Blick des Widder-Charmeurs im attraktiv gestreiften Nachtanzug neben sich sieht. Das ist einfach zuviel knisternde Erotik! In wilder Erregung erhebt sie sich aus dem Lustschweiß der vergangenen Nacht, um sich bei einem Lauf durch den kühlen Oggersheimer Morgen Erleichterung zu verschaffen.

Eine solche Verbindung ist einfach zu aufreibend, kann nicht lange halten.

❤ WIDDER UND STIER: ✷❀

Widder angeln sich gelegentlich einen Stier. Daß hektische Widder an den phlegmatischen Stieren schnell ausflippen können, liegt auf dem Huf. Andererseits haben Stiere gewisse innere und auch pekuniäre Werte, die durchaus nicht zu verachten sind. Ein Ehepartner mit dickem Bankkonto und einer unglaublich langen Leitung, was eheliche Treue angeht, kann schon sehr attraktiv sein. Auch verstehen es die wendigen Widder, die Eifersuchtsausbrüche von Stieren in die richtige Richtung zu lenken: Die Sache endet meist patt – Gehörn gegen Gehörn.

Besonders der weibliche Stier (die Kuh?) hat einen ausgeprägten Sinn für die praktischen Dinge des Lebens. Dabei verlieren die Stier-Frauen allerdings oft den großen Zusammenhang. Während draußen der Atomkrieg tobt, tauen sie den Kühlschrank ab und planen akribisch die Haushaltsausgaben für den nächsten Monat.

Einer solchen etwas engstirnigen Weltsicht fügt der Widder als Partner eine schöne Komponente von Weitblick und Kreativität hinzu:

Während draußen der Atomkrieg tobt, die Stier-Frau drinnen den Kühlschrank abtaut und akribisch die Haushaltsausgaben für den nächsten Monat plant, desinfiziert er draußen in der Gammastrahlung Socken und Unterwäsche und erspart ihr somit eine anstrengende große Wäsche. So einfallsreich und weitsichtig können Widder sein, die jeder Lage eine gute Seite abzugewinnen wissen.

Dennoch birgt die Verbindung von Widder und Stier ein gewisses Risiko – beide tragen Hörner. Das kann in Beziehungskrisen nachhaltige Folgen haben. Während der Widder

leicht auf die Palme geht und im Rausch seiner aufbrausenden Wut irgend etwas kurz und klein schlägt, braucht der Stier länger, um in Rage zu geraten, tobt dafür aber nachher um so nachhaltiger und zerlegt in seinem Zerstörungsrausch alles, was der Widder übriggelassen hat. Verbindungen von Widder und Stier sind also durchaus wirtschaftsfreundlich, kurbeln sie doch die Möbelindustrie deutlich an.

Sind beider Hörner einmal abgestoßen, leben Widder und Stier friedlich und in Eintracht zusammen. Dann gibt es höchstens einmal Streit an der Futterkrippe oder um die Erziehung des Jungviehs.

☞ ***Das prominente Paar:***

Doris Day (Widder) **und**
Klausjürgen Wussow (Stier)

Sie sorgt für das anregende Chaos im Haus, prügelt sich mit den Kindern, fährt das Auto noch in der Garage zu Schrott, trägt abseitige Hüte und becirct den Innenarchitekten, während er alle Verwandten mit flachen Lebensweisheiten belabert, kostenlos operiert und mit Tchuba-Kaffee beliefert. Schwester Hildegard kriegt die Motten, weil Doris viel blonder ist als sie, und Frau Dr. Brinkmann kann endlich zu ihrem feschen Medizinstudenten in die Stadt zurück. Ein moderner Haushalt, wie er trauter nicht sein könnte.

❤ WIDDER UND ZWILLING: ✷❀

Langweilig wird es weder Widder noch Zwilling werden – eher wird das große gemeinsame Spontan-

Hüpfen losgehen, denn sowohl Widder als auch Zwilling sind sprunghaft wie Laubfrösche. Daß der Widder zum Leithammel tendiert, gefällt Zwillingen allerdings nicht. Sie hüpfen gern ganz allein in ihren ureigensten Schlamassel.

Weder Zwilling noch Widder haben es sonderlich mit der Geduld – beide sind ausgesprochene Windbeutel. Wenn ihre Beziehung von Dauer ist, wird sie nicht unter mangelnder Unterhaltung leiden. Der extravagante Zwilling liefert dem Widder ständig neue Anregung, die dieser in neue Begeisterung für den Partner umsetzt – ein emotionales Perpetuum mobile sozusagen. Oder besser: ein Super-GAU (in diesem Zusammenhang: größte aufgeilende Unterhaltung).

Erst wenn Alter und seelische Reife den einen oder anderen Partner zur Ruhe bringen (sog. Tote-Hosen-Syndrom), kehrt endlich ein wenig Gelassenheit in die Beziehung ein.

☞ ***Das prominente Paar:***

Hans Dietrich Genscher (Widder) **und Marilyn Monroe** (Zwilling)

Eine tiefe, eine befriedigende Verbindung eines gereiften Widders, der eine ungewöhnliche charakterliche Festigkeit erreicht hat, und einer extravaganten Zwilling-Frau von beachtlichem Format.

Während Genschman am frühen Morgen die Weltpresse studiert, preßt Marilyn, seine Muse, ihm zum Breakfast eine Zitrone aus. Er muß darauf achten, daß sein athletischer Körper in Form bleibt, denn das Leben eines Diplomaten fordert einen ganzen Mann. Nachmittags fliegt er mal eben zu Konsultationen nach Washington, seine Concorde – ein Geschenk der französischen Botschaft – wartet hinter den Tennisplätzen seines Dienstpalastes.

Marilyn putzt den ganzen Nachmittag über ihren Intelligenzquotienten von 170 und verfaßt flugs drei neue Werke der Weltliteratur, wie sie es schon für Arthur Miller zu tun pflegte.

Schon am selben Abend kehrt Hans Dietrich – noch immer topfit – zurück, schaufelt den Kaviar vor der Schlafzimmertür – ein Geschenk der russischen Gesandtschaft – in den Müllschlucker – ein Geschenk der amerikanischen Botschaft. Gelassen besteigt er das weiträumige Luxusbett, in dem Marilyn sich aufreizend aalt und an dessen Seite dreizehn rote Telefone warten. Ganz im Hier und Jetzt genießt der Weltmann die Freuden der Nacht, knüpft zwischen den Festen der Liebe am Telefon hier eine neue Allianz, stiftet dort ein wenig Frieden, berät Gorbatschow und Bush, ehe er in den Morgenstunden ermattet in den wohlverdienten Schlaf sinkt. Eine tiefe, eine befriedigende Verbindung. Während Hans Dietrich am frühen Morgen die Weltpresse studiert...

❤ WIDDER UND KREBS: ✸❀❀❀

Widder und Krebs kriegen sich sofort in die Haare, weil der spießige Krebs sauer darüber ist, daß der Widder ohne die Hufe abzuwischen über den Teppichboden latscht. Die Eskapaden des Widders in die Welt der Nachtclubs und Diskotheken verursachen beim Krebs-Partner nur Kopfschütteln. Den Widder wiederum treiben die ausufernden Heim-und-Herd-Anfälle des Krebses (Anstreichen, Rasenmähen, Staubsaugen) in den frühen Wahnsinn oder in die bereits genannte Welt der Nachtclubs und Diskotheken.

Nicht umsonst stehen Krebs und Widder im Tierkreis in Opposition – eine Verbindung beider Sternzeichen entspricht der Paarung eines Knallfrosches mit einem Ohrensessel. Zwar stimmen Krebs und Widder im ersten Aufbranden der Liebe noch im Grad der Erregung überein, doch ist ihre Art schon unterschiedlich – während der Widder alle Anzeichen sexueller Erregung zeigt, steht der Krebs mehr emotional unter Hochspannung. Nach dem ersten (fast zwangsläufigen) Quickie kommt die große Krise: Der Widder bringt es nicht einmal, sich zu einem ruhigen Ausklingen des Liebesaktes zusammenzuraffen, geschweige denn auf die spießigen Vorstellungen des Krebses von ewiger Liebe, Ehe und Familie einzusteigen. Er hoppelt augenblicklich weiter. Gelingt es dem Krebs, den Widder mit sexuellen Lustbarkeiten eine Weile bei der Stange zu halten, so dauert es nicht lange, und der Krebs selbst beendet die Beziehung. Der Widder ist ihm einfach zu sprunghaft und unzuverlässig, und der Krebs braucht Ruhe und Geborgenheit. Anders gesagt: keinen Knallfrosch, sondern eine Wärmflasche.

☞ ***Das prominente Paar:***

Wolfgang Niedecken (Widder) **und Mireille Mathieu** (Krebs)

Kaum tritt Wolfgang in die Empfangshalle des gepflegten Eigenheims, fliegt ihm bereits ein Wischlappen ins Gesicht. »Mon cher! Du kannst doch nischt... Putz dir die Bläck Föös ab!« – »Du has' wohl 'n Ratsch am Kappes!« Wolfgang hat wieder den ganzen Tag auf dem Heinrich-Böll-Platz gespielt, um das Geld für die Miete zusammenzukriegen. Und jetzt dieses Krebs-Weib mit seinem Putzfimmel! Das ist zuviel für einen impulsiven Widder. »Ich jonn innet Vringsveddel! Mach et jut!«

❤ WIDDER UND LÖWE: ✸❀❀❀

Wenn zwei Feuerzeichen aufeinandertreffen, geht so richtig die Post ab. Zwischen Löwe und Widder gibt es die berühmte Liebe auf den ersten Blick – meist ist der Widder heiß wie ein Elektroherd, wenn er den Löwepartner seiner Träume findet. Während aber der Löwepartner nach dem Prinzip »Alles oder nichts!« nach lebenslanger Ehe geiert, genügen dem Widder viele interessante Abenteuer, One-Night-

Stand und Gelegenheitsnummern mit Liebestrara. Wie lange so eine Kiste hält, hängt also – zumindest anfangs – vom Widder ab.

Einmal in Dauerbindung verkleistert, stellen beide – Löwe und Widder – fest, daß sie neben Liebe und Sex harte Fakten verbinden. Beide stehen auf Luxus, Prestige und steiler Karriere. Blitzschnell wird aus der Romanze eine handfeste Zweckgemeinschaft mit emotionaler Basis – 'ne Art Erotik-GmbH sozusagen. In der Wohnung wird aufgerüstet, der Widder kann angeberisch auf den Putz hauen, der Löwe standesgemäß hofhalten – man bleibt zusammen.

Krisen gibt es aber auch in dieser symbiotischen Beziehung zuhauf. Was wäre 'ne Beziehungskiste ohne gelegentliches Fetzen?

Die Hauptursache für Knatsch: Löwen brauchen Anerkennung, Lob und Bewunderung – wenn der Widder nicht alle zwei, drei Tage eine glühende Liebeserklärung abzieht, kühlen sie rasch ab. Sprüche wie: »Mensch, Helga, meine Löwin, du bist die schärfste Tussi in der ganzen Psychogruppe!« lassen aber die Liebesglut schnell und sicher wieder aufflammen.

Ein anderer Grund für Ärger: Widder tendieren in der eingefahrenen Beziehung zum Hammel –

anders gesagt: zur emotionalen Abschlaffung. Sie werden in der Ehe (mit oder ohne Trauschein) schlaff, unaufmerksam und verpennt. Rasch werden ihre Geschenke und kleinen Aufmerksamkeiten seltener und – was Löwen besonders fertigmacht – billiger. Hat der Widder seine Löwin noch in der ersten Woche ihrer Liebe mit einem feschen italienischen Kleinwagen mit rosa Schleife beglückt, so schenkt er schon ein Jährchen später nichts weiter als ein Parfum aus dem Kaufhaus (»Cleopatra brutal«) oder einen fiesen Freßkorb von WALDI zu ihrem Geburtstag.

Daß Löwen gelegentlich zu Hause den wilden Affen markieren, stört den Widder nicht. Er weiß – die meisten Löwen haben schlechte Zähne und sind ziemlich zahm.

☞ *Das prominente Paar:*

Kardinal Ratzinger (Widder) **und Madonna** (Löwin)

Ohne Zweifel ein Idealpaar, auch wenn Ratzingers Chef dagegen ist. Beide verbindet neben einer stattlichen Erscheinung eine gewisse Neigung zu ansprechenden Spitzengewändern und religiösen Symbolen. Er, der Draufgänger und Innovator, wird von ihr in jeder Weise unterstützt und erhält tatkräftige Hilfe. »Express yourself!« fordert sie ihn zu immer neuen Dekreten heraus, und er kann stolz sein, sich mit ihr in der Öffentlichkeit zeigen zu dürfen.

❤ WIDDER UND JUNGFRAU:

✸❀❀❀

Jungfrauen stellen das Kontingent der Malocher und Fachidioten unter den Tierkreiszeichen. Arbeit geht ihnen über alles, ist ihnen das Salz des Lebens, sie sind ständig auf der Suche nach Wissen, das sie mit den (mageren) Kräften ihres Verstandes zu gewinnen suchen. Für Liebe bleibt da meist keine Zeit.

Liebesabenteuer sind Jungfrauen zudem gleichgültig – sie bleiben oft aus freien Stücken allein, weil kein Partner ihre peniblen Perfektionsvorstellungen erfüllen kann. Wenn Jungfrau-Frauen heiraten, haben sie meist die Hosen an, überrumpeln ihren Gatten mit wilden Aktivitäten, werden zu Putzteufeln, stellen ständig die Möbel um, organisieren den Haushalt bis ins kleinste Detail, terrorisieren die Nachbarn mit Treppenhaus-Putzplänen und beschäftigen Heerscharen von Handwerkern, die umschichtig einen Raum nach dem anderen immer wieder renovieren.

Da Jungfrauen um jeden Preis Ordnung in jedes Chaos bringen müssen, und Widder Chaos in jede Ordnung, stehen die Chancen für eine haltbare Verbindung recht schlecht.

Sollte es zu einer Verbindung zwischen Widder und Jungfrau kommen, ist die Freude darüber meist von kurzer Dauer. Schon nach Tagen kühlt eventuell vorhandene Liebesglut bei der Jungfrau ab, und sie zieht es vor, dem Partner auf dem Lotterbett haarklein das Periodensystem der Elemente zu erläutern oder das intime Leben der Atompartikel auseinanderzulegen. Klar, daß Widder es auf einem solchen Liebeslager nicht lange aushalten.

☞ *Das prominente Paar:*

Tim Curry (Widder) **und**
Michael Jackson (Jungfrau)

Auch vor dem eigenen Geschlecht macht die Liebe nicht halt. Zwar korrelieren Jungfrau und Widder nur mangelhaft, doch überspülen hier die Wogen der Leidenschaft alle Gegensätze. Der scharfe, analysierende Verstand der Jungfrau mag es zwar nicht, wenn sich Frank ’N Furter mit finsteren Elementen wie einem gewissen Meatloaf in noch finstereren Schlössern auf dem Lande herumtreibt und »Rocky Horror Picture Show« und andere Doktorspielchen spielt, aber wenn Tim dann im Morgengrauen reumütig nach Hause zurückkehrt und die scharfen Strapse anzieht, kommt Michael sofort aus dem Schmollwinkel und singt in seiner unvergleichlichen Art: »You knock me off off my feet, baby!«

❤ WIDDER UND WAAGE: ✸✸

Waagen sind für Widder viel zu vorsichtig und unentschlossen. Ehe sich eine Waage auf einen Quickie mit einem Widder einläßt, ist der vermutlich schon wieder zu einem seiner Kaninchen-Verhältnisse weitergehoppelt. Auch das übertriebene Harmoniebedürfnis der Waage und ihr übersteigerter Schönheitssinn liegen dem Widder nicht: Während die weibliche Waage noch das Diner bereitet, den Rotwein wärmt, gedämpfte Musik einschaltet und die Kerzen anzündet, hat der Widder schon eine Ejaculatio praecox oder ist auf dem Weg ins Bordell.

Gelingt es, diese kleinen Probleme zu überbrücken (vielleicht nimmt der Widder am besten ein, zwei Valium?) und gelingt es dem Widder, seine himmelschreienden Manieren zu kultivieren (Benimm-Kurs?), kann allerdings eine überaus amüsante und lebendige Verbindung entstehen (solange das Valium für den Widder nicht ausgeht). Besonders bewährt es sich, wenn der Widder beruflich unterwegs ist (am besten fünf, sechs Monate im Jahr).

☞ *Das prominente Paar:*

Jayne Mansfield (Widder) **und**
Heinrich Lübke (Waage)

Bevor Heinrich sein berühmtes sauerländisches Temperament mit Korn und Bier einmal so richtig angeheizt hat, ist Jaynes Lustkurve (Lustkurven?) bereits wieder auf dem Nullpunkt. Für sie und alle anderen Widder glüht das stille Feuer der Waage einfach zu langsam auf. Nein, auf die Dauer keine wirklich befriedigende Verbindung, wenn ihr auch seine Beziehungen für eine Karriere in Bonn oder Berlin äußerst hilfreich sein könnten.

❤ WIDDER UND SKORPION: ✸✸

Skorpione sind unbestritten die Triebtiere unter den Sternzeichen. Ihr gesamtes Leben ist ein Kampf gegen ihre überschießenden Triebe, in dem sie meist unterliegen. Im Alltag bedeutet das meist: Skorpione sind die hilflosen Lustmolche, die einen Quickie nach dem anderen brauchen, um ihre ungezügelten Bedürfnisse zu befriedigen.

Skorpione erreichen ungeahnte Liebesglut, verbrennen sich an ihrer eigenen Leidenschaft die Finger und was sonst noch, können besitzergreifend, ekelhaft eifersüchtig und gewalttätig werden. Wer einen Skorpion mit dessen Partner – männlich oder weiblich – betrügt, sollte sich vor dem Giftstachel hüten: Zahlreiche Einlieferungen in die Unfallambulanzen und die Auslastung ihrer Betten verdankt die moderne Medizin der tobenden Eifersucht von Skorpionmännern und -frauen, die in ihrer blinden Wut zuschlagen, treten, kratzen, beißen, schießen oder auch mal zum Küchenmesser oder zur Schere greifen.

Da kommt der Skorpion dem Widder gerade richtig in die Quere. Beide sind nicht eben sonderlich treu, sondern eher... na, sagen wir... Gelegenheitstäter, wenn auch aus unterschiedlichen Gründen. Und beide sind überaus eifersüchtig. Das gibt einen unglaublichen Zoff!

☞ Das prominente Paar:

Herbert vom Karajan (Widder) **und**
Kim Wilde (Skorpionin)

»Sag die Wahrheit, Herbert! Hast du was mit den Berliner Philharmonikern?!« Kim ist außer sich vor Eifersucht. »Und wie du dem Ersten Bratschisten wieder den Bogen gereicht hast! Ekelhaft! Laß mich bloß nicht hängen, Herbert!«

»Ob ich was mit den Berliner Philharmonikern habe?« Empört bläst er die breite Dirigentenbrust auf. »Und du? In was für einem aufreizenden Lederfummel bist du gestern wieder in dieser Video-Show aufgetreten! Wenn ich so aufs Podium stiege! Der Dirigentenstab würde sich biegen vor lauter Scham! Und erst diese Musik! Grauenhaft!«

❤ WIDDER UND SCHÜTZE: ✸❀❀❀

Schütze und Widder passen zusammen wie der Schwarzwald zur Klinik – beide sind begeisterungsfähig wie Knallfrösche und stecken voller erotischem Tatendrang wie eine Schar Asketen auf Betriebsausflug.

Wobei der Schütze allerdings etwas Feuer unterm Hintern braucht, wenn es um eine ernsthaftere Beziehung gehen soll – aber es muß ja nicht unbedingt um eine ernsthaftere Beziehung gehen. Nur zu gern genießen beide die Freuden der Liebe, ohne an dauernde Bindung zu denken – wenn auch aus unterschiedlichen Gründen. Der Widder braucht den Kick des Neuen und linst schon nach dem nächsten Sonderangebot – während der Schütze grübelt: Es könnte ja noch ein besseres Angebot nachkommen... Was, wenn ich mich unter Wert verkaufte, wenn ich die ganz große Partie verpaßte?

Meist gehört irgendein inszeniertes Eifersuchts-Drama dazu, den Schützen zur Entscheidung zu zwingen.

Ist die Angelegenheit erst einmal verlötet, wird eine ganz erträgliche Verbindung daraus. Der Schütze spinnt sich was zusammen, macht Pläne und markiert den Alleinunterhalter – der Widder zieht die wirklich wichtigen Sachen durch. Sie veranstalten Wandertage, Grillparties, Ausflüge zu fragwürdigen Sehenswürdigkeiten und lustige Kegelabende und zwingen alle Freunde und Bekannten mitzumachen. Zusammen sind Widder und Schütze für ihre Umwelt schlechthin unerträglich.

Als spießige Einehe läuft diese Beziehung zwischen Widder und Schütze auf keinen Fall. Meist ist es der Schütze, den zuerst der Freiheits-Tick packt und der sich irgendwo nach Frischfleisch umsieht. Da der Schütze auf Suchen steht, findet er meist auch. Auffällig oft gehen Schütze-Frauen ins Café, Theater oder zu Freundinnen. Schütze-Männer entwickeln rätselhaft starke Aktivitäten auf dem Fußballplatz, im Volleyball-Club oder beim Tennis. Welche Sportart beide Schütze-Geschlechter wirklich betreiben, dürfte klar sein – sehr zum Ärger des Widders, der auf seinem Alleinbesteigungsrecht besteht. Was den Widder allerdings nicht daran hindert, selbst auf die Balz zu gehen...

Ein Glück, daß Schütze und Widder die Krise im Gespräch beibiegen können – bis zum nächsten Mal...

☞ *Das prominente Paar:*

Lale Andersen (Widder) **und**
Jimi Hendrix (Schütze)

Nicht nur die beiderseitig stark ausgeprägte Liebe zur Musik verbindet dieses schöne Paar. In beiden brennt die erotische Flamme ihres Feuerzeichens wie ein Leuchtturm. Bei allem gegenseitigen Verständnis nimmt Jimi seiner Lale den steten Hang zu haarigen Seemannsarmen äußerst übel, während sie seine Vorliebe für Open-Air-Festivals, Gipsy Eyes, Foxy Ladies und psychedelische Drogen nicht nur gut findet und ihn lieber zu Köhm oder Rum überreden möchte. Auch geht ihr das ewige Gesäge auf der elektrischen Gitarre in der kleinen 50-Quadratmeter-Wohnung in Blankenese auf die Nerven.

Sein größter Wunsch ist es, mit ihr zusammen eine psychedelische Fassung des Friesenliedes zu schreiben.

Ihr Lebenstraum: Jimi Hendrix and his Experience mit dem Schifferklavier beim Seemannsabend auf der Reeperbahn...

❤ WIDDER UND STEINBOCK: ✷❀

Im Steinbock hat der Widder erotisch seinen Meister gefunden. Er treibt ihm die Flausen aus, holt ihn von seinen spinnerten Höhenflügen wieder zurück zur Erde und sagt ihm mehr als deutlich, wo es langgeht. Dem Widder ist es recht, auch wenn er manchmal dumm herummault. Auch dem überzogenen Bankkonto des Widders tut die Freundschaft mit dem bremskraftverstärkenden Steinbock gut.

Der Steinbock profitiert auf andere Weise – Widder wirken auf Steinböcke wie ein Aufputschmittel. Statt sich in Melancholie zu aalen, regt er sich über die schwachsinnigen Ideen des Widders auf – eine schöne Verbindung zum Nutzen beider Seiten.

In Wohngemeinschaften sind es übrigens oft Steinbock-Frauen, die Widder-Männer an die Hammelbeine kriegen, wenn diese sich um das Putzen im Treppenhaus drücken wollen.

☞ ***Das prominente Paar:***

Johannes Mario Simmel (Widder) **und Annette von Droste-Hülshoff** (Steinbock)

»Es muß nicht immer Kaviar sein, Johannes Mario!« Annette mag es nicht, wenn ihr Johannes Mario am Essen herummäkelt. »Ja, ja«, jammert der weiter, »Grünkohl, Spinat, Weißkohl – wie soll ich mich denn da zu geistigen Höhenflügen aufschwingen?« – »Es wird gegessen, was auf den Tisch kommt!« bestimmt sie mit harter Stimme. »Das war auf Burg Vischering so und wird auch hier so sein! Fleisch ist nicht gut für deines Herzens flammendes Blut! Vegetarische Küche ist gesund!« – »Gut, gut!« Brav hebt er den Öko-Holzlöffel und beginnt zu essen. »Aber bitte laß die Blumen leben!«

❤ WIDDER UND WASSERMANN: ✸❀

Trotz ihrer unterschiedlichen Herkunft (Feuer- und Wasserzeichen!) schätzen sich Widder und Wassermann. Der Widder liebt die unkonventionelle Lebensart des Wassermanns – dieser wiederum mag die sprühende Raketen-Dynamik seines Partners. Kurz gesagt: Wenn Widder und Wassermann zusammenkommen, haben sich die größten Knalldeppen der Tierkreise gefunden. Nächtelang turteln und schwadronieren sie in Kneipen, verbiegen Autoantennen, lieben sich auf öffentlichen Toiletten, hinter Müllcontainern, im städtischen Springbrunnen oder sonstwo. Schlimmer noch: Da beide einen gewissen Hang nach Publikum verspüren, holt der Wassermann bald seine Saufkumpane zur Hilfe.

☞ *Das prominente Paar:*

Katharina von Medici (Widder) **und John Belushi** (Wassermann)

Sie, ganz die mondäne, selbstbewußte Dame. Er, der schulterklopfende Schluckspecht und Lebemann; dazu seine Blues-Brothers: eine unschlagbare Konstellation. Selbst wenn Mars im dritten Haus stünde – schwere Orgien sind angesagt. Das weiß traditionell sogar der Papst.

Doch leichte Beute ist sie ihm nicht – um eine selbstbewußte Widder-Frau muß ein Typ wie er kämpfen. Drei Straßenkreuzer wird er zu Schrott fahren, bis sie ihn erhört, ein Faß Bourbon trinken und bei Tiffany's Klunker aus dem Safe holen gehen, bevor sie ihm zu Füßen sinkt... Und das Schärfste: Er wird es mit Begeisterung tun.

❤ WIDDER UND FISCHE: ✷❀

Der windbeutelige Widder und der hypersensible, suchtgefährdete Fisch – das geht ins Auge, glaubt man. Richtig. Dem empfindsamen Fisch ist der viel zu laute Widder ein Greuel, ein echter Horrorschokker, der ihn in die Weiten pharmazeutischer Fluchtwelten treibt. Aber auch falsch. Der seelisch stabile Widder hat im still duldenden Fisch sein bestes Publikum. Beim Fisch kann er seine miesen Gags ausprobieren, seine große Schau abziehen, ohne Kontra zu bekommen. So unglaublich laut, behämmert, leichtsinnig und bedenkenlos möchte der Fisch auch einmal sein – es ist echte Bewunderung.

In der Liebe zwischen männlichem Widder und weiblichem Fisch geht es wenig symmetrisch zu. Der dominante und laute Widder-Mann zieht sich die zarte, verinnerlichte Fisch-Frau rein wie 'ne Tüte Pommes oder Fish & Chips – er vernascht sie förmlich. Und wendet sich dann anderen Schnellimbissen zu, der Freßsack.

Auch Fischmänner sind eher Opfer – der pflegeleichte Idealpartner für karrieregeile Widder-Frauen. Sie spülen, waschen ab und ziehen die Bälger groß. Gewisse Frauenzirkel arbeiteten an der gentechnischen Nachzucht von Fisch-Männern.

☞ *Das prominente Paar:*

Wernher von Braun (Widder) **und**
Nina Hagen (Fisch)

Kein ideales Eheleben: Während sie an ihrer Pop-Karriere arbeitet und wieder einen neuen, unglaublich zeitgeisternden Hit schreibt (»Ich glotz' Kabel-TV!«), hätte Wernher den Teppich saugen und die Windeln waschen und aufhängen sollen. Aber er hatte mal wieder Besseres zu tun: Raketen basteln. Stundenlang hat er im Schuppen hinterm Haus herumgefummelt, und als er endlich fertig war, hat es mörderisch gekracht. Jetzt kriecht er fluchend und mit angesengten Ohren aus dem rauchenden Trümmerhaufen: »Verdammt, diese miesen Arbeitsbedingungen, fucking shit! Wie konnte ich nur den guten Job bei der NASA für dieses Weib aufgeben?«

Drinnen mimt sie die treusorgende Mutter, und er deckt den Tisch. Es gibt Bio-Frikadellen aus Sojafleisch und Grünkern-Suppe. Hei, wie freut sich Wernher, als sie ihm aus dem Raumanzug hilft! Aber das Essen will ihm nicht behagen. »Mieser Ökofraß!« wettert er, schwingt sich auf seinen neuen Space-Shooter und fährt zu McDonald's. »Auch gut!« stellt Nina fest und beschließt, noch etwas an ihrem Onanie-Kurs zu arbeiten.

BERÜHMT-BERÜCHTIGTE WIDDER

- ◇ Hans Dietrich Genscher (dienstältester Außenminister) – 21.3.1927
- ◇ Johann Sebastian Bach (»Gödel, Escher, Bach«) – 21.3.1685
- ◇ André Heller (Österreicherin) – 22.3.1947
- ◇ Nena (Schwanengesang aus Hagen) – 24.3.1960
- ◇ Arturo Toscanini (Musikant) – 25.3. 1867
- ◇ Elton John (Brillenträger) – 25.3.1947
- ◇ Eberhard Matthias Walde (Grüner) – 27.3.1949
- ◇ Sepp Herberger (Ex-Nationaltrainer) – 28.3.1897
- ◇ Eric Clapton (»Cream«) – 30.3.1945
- ◇ Edgar Wallace (Schriftsteller) – 1.4.1875
- ◇ Rolf Hochhuth (Schriftsteller) – 1.4.1931
- ◇ Otto von Bismarck (Politiker) – 1.4.1815
- ◇ Hans Koschnik (Politiker) – 2.4.1929
- ◇ Casanova (Berufswidder) – 2.4.1725
- ◇ Helmut Kohl (Leithammel mit gesamtdeutscher Herde) – 3.4.1930
- ◇ Doris Day (Schauspielerin) – 3.4.1924
- ◇ Herbert von Karajan (Dirigent) – 5.4.1908
- ◇ Bob Marley (King of Reggae) – 6.4.1945
- ◇ Kurt Georg Kiesinger (ehemaliger L.) – 6.4.1904
- ◇ Wladimir I. Lenin (Revolutionär) – 10.4.1870
- ◇ Ernest Borneman (Sexualforscher) – 12.4.1949
- ◇ Erich von Däniken (Schriftsteller) – 14.4.1935
- ◇ Leonardo da Vinci (Maler) – 15.4. 1452
- ◇ Richard von Weizsäcker (Bundespräsident) – 15.4.1920
- ◇ Charlie Chaplin (King of Comedy) – 16.4.1889
- ◇ Nikita Chruschtschow (Nix Glasnost! Njet!) – 17.4.1894
- ◇ Rudi Dutschke (Revolutionär) – 17.4.1940
- ◇ Tim Curry (»Frank 'N Furter«) – 19.4.1946